일러두기

1. 주요 왕조의 흥망을 기준으로 단원을 나눴으며 조선은 개항 이전과 이후로 나누었습니다.
2. 연표는 주로 정치사를 중심으로 선정하여 시대의 큰 흐름을 짐작할 수 있게 했습니다.
3. 주요 사건, 인물, 문화재 등은 가급적 시기별, 분야별로 골고루 선정하기 위해 노력했습니다.

한 눈 에 펼 쳐 보 는

한국사
연표 그림책

글 정연 | 그림 이혁

차례

선사·고조선 시대 · 4
선사·고조선 시대의 주요 사건
주요 인물 | 주요 문화재 · 5

삼국 시대 · 6
삼국 시대의 주요 사건
주요 인물 | 주요 문화재 · 9

강화 지석묘

빗살무늬토기

첨성대

광개토대왕릉비

서산 마애 삼존 불상

덕천 승리산 동굴유적

일제 강점기 · 24
일제 강점기의 주요 사건
주요 인물 | 주요 문화재 · 25

개항기 · 20
개항기의 주요 사건
주요 인물 | 주요 문화재 · 23

탑골 공원

서대문 형무소

러시아 공사관

독립문

정동 교회

덕수궁 석조전

대한민국 · 26
대한민국의 주요 사건
주요 인물 | 주요 성과 · 29

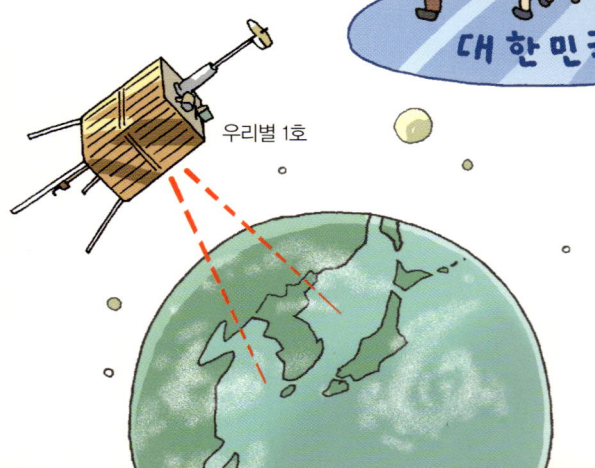
우리별 1호

남북국 시대 · 10
남북국 시대의 주요 사건
주요 인물 | 주요 문화재 · 11

고려 시대 · 12
고려 시대의 주요 사건
주요 인물 | 주요 문화재 · 15

상감청자

발해 석등

무구정광대다라니경
불국사와 석굴암

팔만대장경

《삼국사기》,《삼국유사》

조선 시대 · 16
조선 시대의 주요 사건
주요 인물 | 주요 문화재 · 19

수원 화성

경복궁

측우기

거북선

역대 왕조 계보도 · 30
찾아보기 · 32

선사·고조선 시대

고조선
- 시기 : 기원전 2333년~기원전 108년
- 중심지 : 라오둥 반도와 한반도 서북부 지방
- 시조 : 단군왕검
- 마지막 왕 : 우거왕

우리나라에 사람이 살기 시작한 때부터 우리 겨레가 처음 세운 나라인 고조선이 멸망한 때까지의 주요 사건을 다뤘어요. 이 시기에는 고조선 외에 부여, 옥저, 동예 등도 있었어요.

> 신석기란 돌을 갈아서 정교하게 만든 도구를 말해요.

약 70만 년 전
구석기 시대 시작

구석기인의 생활

구석기인은 주로 사냥을 해서 먹고 살았어요. 창이나 활 등을 이용해서 들소, 멧돼지 같은 짐승들을 잡았지요. 동물의 가죽과 털은 옷으로 이용했고 뼈로는 낚싯바늘을 만들어 물고기를 잡기도 했어요.

기원전 1만 년경
오늘날과 비슷한 한반도의 모습이 만들어짐

한반도 바다와 육지 등의 지형 분포가 오늘날과 비슷하게 형성되었어요.

8000년경
신석기 시대 시작

농사를 짓게 된 신석기인

신석기인은 농사를 짓고 가축을 기르기 시작했어요. 농사를 짓게 되자 한곳에 머물러 살게 되었고, 움집도 지었지요. 또 바늘과 실을 발명해서 가죽이나 나무껍질 등을 꿰매서 근사한 옷을 만들어 입었어요.

2333년
고조선 들어섬

단군왕검이 고조선을 세웠어요. 고조선은 우리 겨레가 처음 세운 나라예요.

우리 민족의 힘이 된 단군 신화

단군 신화는 단군의 탄생과 고조선 건국에 관한 이야기예요. 오랫동안 사람들의 입을 통해 전해 내려오다 고려 말에 일연이 지은 《삼국유사》에 처음으로 기록되었지요. 우리 민족은 어려움을 당할 때마다 이 이야기를 통해 큰 용기를 얻었답니다.

2000년경
청동기 문화 보급

400년경
철기 문화 보급

드디어 철기 보급

고조선 시대에 철기가 전래되었어요. 청동기보다 더 강하고 정교한 철제 농기구를 사용하면서 농업이 빠른 속도로 발달했고, 수공업도 더욱 발달했어요.

4~3세기경
고조선, 연나라와 겨룸

> 연나라는 중국 춘추 전국 시대의 나라 중 하나예요.

3~2세기경
부여 등 등장함

만주와 한반도 중북부에 부여, 옥저, 동예 등이 등장했어요.

> 부여와 고구려, 백제, 옥저, 동예는 모두 예맥족이 세운 나라예요.

194년
위만, 고조선의 왕이 됨

위만이 준왕을 몰아내고 고조선의 왕이 되었어요.

> 이때부터 고조선이 멸망할 때까지를 위만조선 시대라고 불러요.

108년
고조선, 한나라에 멸망

한나라가 기원전 109년에 고조선을 쳐들어왔어요. 고조선은 1년 동안 저항하다 결국 멸망했어요.

선사·고조선 시대가 한눈에 쏙!

주요 사건

기원전 2000년경 청동기 전래
청동기가 시베리아, 몽골을 거쳐 한반도에 본격적으로 전래되기 시작했어요. 그 결과 사유 재산제와 계급이 생겨나는 등 한반도 사회는 전반적으로 크게 변화했어요.

기원전 4~3세기경 고조선 성장
고조선이 랴오닝 지방을 중심으로 만주와 한반도 서북부에 걸쳐 큰 나라로 성장했어요. 마침 이때 중국에서 연나라가 성장하자, 용감하게 맞서 싸우기도 했어요.

주요 인물

단군왕검
고조선을 세운 인물로 왕과 제사장을 겸했어요. 단군 신화에서는 그가 하느님의 아들 환웅과 웅녀 사이에서 태어났다고 해요.

준왕
고조선의 왕이에요. 연나라에서 위만이 망명해 오자 그를 받아들였다가, 후에 그에게 왕위를 빼앗겼어요. 한반도 남쪽의 한(韓)으로 도망갔다고 해요.

위만
위만조선의 시조예요. 일찍이 고조선에 망명와 서북 지방을 지키는 역할을 맡았으나, 후에 준왕으로부터 왕위를 빼앗았어요.

우거왕
위만의 손자이자 고조선의 마지막 왕이에요. 한나라의 침략을 맞아 끝까지 싸웠지만 결국 신하에게 암살당했어요. 그로써 고조선은 멸망했어요.

성기
위만조선의 대신이에요. 한나라와의 전쟁이 길어지자 여러 신하들이 항복하고 왕도 암살당했지만 끝까지 저항을 계속했어요.

주요 문화재

덕천 승리산 동굴유적
평안남도 덕천 승리산에 있는 동굴유적이에요. 구석기 시대 인류의 어금니와 빗장뼈 화석과 다양한 동물의 화석이 출토되었어요.

빗살무늬토기
신석기 시대를 대표하는 토기예요. 대체로 밑창이 뾰족하게 생겼으며, 나무나 뼈 연장 등을 이용해 빗살 모양의 무늬를 새겼어요.

강화 지석묘
인천광역시 강화군 부근리에 있는 청동기 시대의 고인돌이에요. 뚜껑돌의 길이가 710cm, 너비가 550cm에 이르는 거대한 북방식 고인돌이에요.

똑똑해지는 한국사 퀴즈

01 사람들이 농사를 짓고 가축을 기르기 시작한 시대는 언제인가요?
02 아사달을 도읍으로 하여 고조선을 세운 인물은 누구인가요?
03 고조선을 멸망시킨 나라는 어디인가요?
04 준왕으로부터 왕위를 빼앗아 위만조선을 세운 인물은 누구인가요?
05 우리나라 신석기 시대의 대표적인 토기는 무엇인가요?
06 인천광역시 강화군에 있는 청동기 시대의 북방식 고인돌은 무엇인가요?

정답 01 신석기 시대 / 02 단군왕검 / 03 한나라 / 04 위만 / 05 빗살무늬토기 / 06 강화 지석묘

삼국 시대

고구려
- 시기 : 기원전 37년~기원후 668년
- 수도 : 졸본, 국내성(중국 지안), 평양
- 시조 : 고주몽(동명성왕)
- 마지막 왕 : 보장왕

백제
- 시기 : 기원전 18년~기원후 660년
- 수도 : 위례성(서울), 한성(하남), 웅진(공주), 사비(부여)
- 시조 : 온조왕 마지막 왕 : 의자왕

신라
- 시기 : 기원전 57년~기원후 935년
- 수도 : 서라벌(금성, 경주)
- 시조 : 박혁거세
- 마지막 왕 : 경순왕

삼국이 들어선 때부터 신라가 삼국통일을 이룬 때까지의 주요 사건을 다뤘어요.
이 시기에는 고구려, 백제, 신라 외에 부여, 옥저, 동예, 삼한, 가야 등도 있었어요.

기원전 57년
박혁거세, 신라를 세움

박혁거세는 알에서 태어났다고 해요.

37년
주몽, 고구려를 세움
부여에서 내려온 주몽 집단이 압록강에 가까운 졸본을 수도로 하여 고구려를 세웠어요.

천제의 후손, 주몽
설화에 따르면, 주몽은 천제의 아들 해모수와 강신의 딸 유화 사이에서 태어났어요.
부여의 금와왕 아래에서 자랐으나 활을 잘 쏘고 무예에 뛰어나서 금와왕의 아들들에게 미움을 받았어요. 그래서 남쪽으로 도망을 쳤는데 그것이 고구려를 세우는 계기가 되었어요.

18년
온조, 백제를 세움

온조는 주몽의 아들이라고 전해져요.

194년
고구려, 진대법을 시행
고구려 고국천왕이 가난한 백성들을 위해 진대법을 시행했어요.

우리나라 최초의 빈민구제 제도, 진대법
진대법은 가난한 백성을 위해 봄철에 나라에서 식량을 꾸어주고 가을에 갚게 하던 제도예요.
고구려 고국천왕이 재상 을파소의 건의를 받아들여 시행했지요. 이것은 우리나라에서 최초로 시행된 빈민구제 제도였어요.

246년
고구려, 위나라의 침입을 받음
위나라의 관구검이 고구려를 침입하여 환도성을 점령했어요.

위나라는 중국 삼국 시대의 나라예요.

400년
고구려 광개토대왕, 신라에 침입한 왜를 격퇴

427년
고구려, 수도를 평양으로 옮김
고구려가 수도를 평양으로 옮기고 본격적으로 남하를 추진하기 시작했어요.

백제와 신라는 나제 동맹을 맺어 이에 맞섰어요.

475년
고구려, 백제 수도 무너뜨림
고구려가 백제를 공격하여 수도인 한성을 무너뜨렸어요.

한성이 무너지자 백제는 수도를 웅진(공주)으로 옮겼어요.

494년
고구려, 부여를 멸망시킴

전문 분야에 통달한 박사

백제는 일찍부터 학문과 기술에 뛰어난 사람들에게 '박사'라는 호칭을 내려 주고 잘 대우했어요. 의술에 뛰어난 의박사, 오경에 통달한 오경박사, 기와를 잘 굽는 와박사, 금속 다루는 기술이 뛰어난 노반박사, 천문에 통달한 역박사 등이 있었지요.

 의박사 – 의술에 뛰어난 사람에게 준 칭호

 오경박사 – 주역 · 시경 · 서경 · 예기 · 춘추 등 5가지 경전에 통달한 사람에게 준 칭호

 와박사 – 기와를 잘 굽는 사람에게 준 칭호

 노반박사 – 금속 기술이 뛰어난 사람에게 준 칭호

기원후 8년
백제, 마한의 일부 지역을 차지
백제가 마한을 공격하여 그 일부 지역을 차지했어요.

13년
고구려, 부여의 침입을 격퇴

42년
김수로, 금관가야를 세움

293년
고구려, 선비족의 침입을 격퇴

선비족은 한때 랴오둥과 중국 북부 지역을 지배했던 민족이에요. 나중에는 한족과 융합되었어요.

313년
고구려, 낙랑군을 멸망시킴
고구려가 고조선의 옛 땅에 설치되었던 낙랑군을 멸망시켰어요.

371년
백제, 고구려 평양성을 공격
백제의 근초고왕이 고구려의 평양성을 공격했어요.

이때 광개토대왕의 할아버지인 고국원왕이 전사하지요.

불운의 임금, 고국원왕
고구려 제16대 고국원왕은 무척 불운한 왕이었어요. 왕위에 오른 지 10여 년이 되었을 때 여러 차례 연나라의 침입을 받았고, 말년에는 백제와의 싸움에서 거듭 패했지요.
연나라에게는 아버지였던 미천왕의 시체를 빼앗기기도 했고, 어머니와 왕비가 납치당하기도 했어요. 371년에 평양성에 침입한 백제 근초고왕에 맞서 싸우다가 결국 전사하고 말았답니다.

512년
신라, 우산국 정복
신라의 지증왕이 이사부를 보내 우산국(울릉도)을 정복했어요. 이사부는 나무로 만든 사자를 싣고 가서 우산국 사람들을 협박했다고 해요.

527년
신라, 불교를 공인

532년
신라, 금관가야를 멸망시킴

538년
백제, 수도를 사비로 옮김
백제의 성왕이 수도를 사비(부여)로 옮기고 나라 이름을 남부여로 바꾸었어요.

이차돈의 순교
신라의 법흥왕은 불교를 국교로 삼고 싶었지만, 신하들의 반대로 뜻을 이루지 못하고 있었어요. 이때 이차돈이라는 신하가 기어이 순교를 하겠다고 고집을 부렸어요. 어쩔 수 없이 왕이 그의 목을 치자 잘린 목에서 흰 피가 솟구치고 하늘에서 꽃 비가 내렸어요. 기적에 놀란 신하들이 마음을 돌려 마침내 신라에 불교가 공인되었지요.

553년
신라 진흥왕, 한강 유역 차지
신라의 진흥왕이 백제의 성왕으로부터 한강 하류 지역을 빼앗아 차지했어요.

계속 주인이 바뀐 한강 하류 지역
한강 하류 지역은 한반도의 중심이자 교통의 요지여서 삼국이 서로 차지하려고 다투었어요. 원래는 백제 땅이었지만 광개토대왕, 장수왕 때에 고구려가 빼앗았고, 그 후 백제의 성왕이 신라의 진흥왕과 힘을 합쳐 탈환했지만 곧 진흥왕이 혼자 차지하게 돼요.

555년
신라, 북한산에 진흥왕 순수비 세움

'순수'란 왕이 나라 안을 두루 살피며 돌아다니는 것을 말해요.

562년
신라, 대가야를 멸망시킴
신라의 진흥왕이 후기 가야 연맹의 맹주였던 대가야를 멸망시켰어요.

612년
고구려, 살수대첩
고구려가 살수(청천강)에서 큰 승리를 거두고, 수나라의 113만 대군을 물리쳤어요.

642년
백제 의자왕, 신라의 40여 개 성을 점령

645년
고구려, 안시성에서 당나라 대군을 물리침

645년
신라, 황룡사 구층 목탑 세움

안타깝게도 1238년에 몽골침입군에 의해 불타 버렸어요.

신라의 청소년 조직, 화랑도
화랑도는 화랑과 낭도로 구성되었는데, 명승지를 찾아다니며 국토를 사랑하는 마음과 나라에 충성하는 마음을 길렀어요. 화랑도 출신의 젊은이들은 신라가 삼국 통일을 하는 데 큰 역할을 했어요.

660년
백제 멸망
나·당 연합군이 사비성을 함락하고 백제를 멸망시켰어요.

백제의 마지막 싸움, 황산벌 전투
황산벌은 충남 논산 일대에 있던 넓은 들판으로, 백제는 이곳에서 신라군을 막기 위한 마지막 전투를 벌였어요. 그러나 수적으로 열세였던 백제는 이 싸움에서 패배했고, 결국 신라의 진격에 속수무책으로 당할 수밖에 없었어요.

668년
고구려 멸망

고구려는 지배층의 내분으로 나·당 연합군에 효과적으로 맞서지 못했어요.

676년
신라, 삼국통일을 이룸
신라가 나·당 전쟁에서 승리하여 삼국통일을 이뤘어요.

삼국 시대가 한눈에 쏙!

주요 사건

광개토대왕, 신라에 침입한 왜를 격퇴 400년

왜가 신라를 침략하자 신라의 내물왕은 고구려의 광개토대왕에게 도움을 요청했어요. 이에 광개토대왕은 기병과 보병 5만 명을 보내 왜를 격퇴하고 신라를 구원했어요.

신라의 삼국통일 676년

신라는 당나라와 손잡고 백제와 고구려를 멸망시켰어요. 그러나 당나라가 애초의 약속을 어기고 한반도 땅을 다 차지하려 들자 당나라와 싸워 이기고 결국 통일을 완수했어요.

주요 인물

근초고왕

백제 제13대 왕이에요. 부자상속제를 확립하여 왕권을 강화하고 마한, 고구려 등으로 영토를 넓혀 백제의 전성기를 열었어요.

광개토대왕

고구려 제19대 왕이에요. 정복 전쟁을 통해 만주에서 한강에 이르는 넓은 지역을 확보하고 고구려를 동북아시아 최강국으로 성장시켰어요.

김유신

신라의 명장이에요. 가야 왕실의 후손으로 김춘추와 손잡고 신라를 이끌었고, 삼국통일 전쟁에서 혁혁한 공을 세웠어요.

사다함

신라의 대표적인 화랑이에요. 가야를 정벌할 때 큰 공을 세워 진흥왕에게 많은 노비를 받았으나 모두 풀어 주었어요.

계백

백제의 명장이에요. 황산벌 전투에서 5,000명의 결사대를 이끌고 김유신의 5만 대군을 맞아 네 차례나 승리했어요. 그러나 결사대와 함께 결국 전사하고 말았어요.

주요 문화재

광개토대왕릉비

광개토대왕의 업적을 기리기 위해 아들 장수왕이 세운 비예요. 높이 6.39m의 거대한 비로, 고구려의 건국과 광개토대왕의 업적 등에 대해 적혀 있어요.

첨성대

신라 선덕여왕 때 세워진 천문대예요. 여러 가지 과학적인 원리를 응용하여 쌓았으며 현재 남아 있는 천문대 중 세계에서 가장 오래된 것이라고 해요.

서산 마애 삼존 불상

백제 시대에 만들어진 불상이에요. 충청남도 서산의 가야산 북쪽 자락 바위 벽에 세 부처가 조각되어 있어요. 표정이 온화하고 미소가 아름다워 '백제인의 미소'라고 불려요.

똑똑해지는 한국사 퀴즈

01 졸본을 수도로 하여 고구려를 세운 인물은 누구인가요?
02 고구려에서 시행한 우리나라 최초의 빈민구제 제도는 무엇인가요?
03 우산국을 정복한 신라의 장군은 누구인가요?
04 삼국통일에 큰 역할을 했던 신라의 청소년 조직은 무엇인가요?
05 신라가 나·당 전쟁에서 승리하고 삼국통일을 이룬 년도는 언제인가요?
06 신라 선덕여왕 때 세워진 천문대는 무엇인가요?

정답 01 주몽 / 02 진대법 / 03 이사부 / 04 화랑도 / 05 676년 / 06 첨성대

남북국 시대

신라	발해
시기 : 기원전 57년~기원후 935년	시기 : 698년~926년
수도 : 서라벌(금성, 경주)	수도 : 동모산(중국 지린성), 중경 현덕부(지린성), 상경 용천부(중국 헤이룽장성), 동경 용원부(중국 옌볜)
시조 : 박혁거세	시조 : 대조영(고왕) 마지막 왕 : 대인선
마지막 왕 : 경순왕	

삼국이 통일된 이후부터 신라가 멸망한 때까지의 주요 사건을 다뤘어요.
이 시기에는 통일신라와 발해가 있었고, 말기에는 후고구려(고려), 후백제가 생겨났어요.

685년
신라, 전국을 9주 5소경으로 나눔
신라의 신문왕은 통일 이후 넓어진 땅을 다스리기 위해 전국을 9개의 주로 나누고, 5개의 소경을 설치했어요.

만파식적 설화
신라 신문왕에게는 만파식적이라는 피리가 있었다고 해요. 아버지 문무왕과 김유신이 보내 준 선물인데, 이 피리를 한번 불면 나라의 모든 근심과 걱정이 사라졌다고 하네요. 신문왕 때 사회가 크게 안정된 데서 생겨난 설화라고 할 수 있지요.

698년
대조영, 발해 세움
대조영이 고구려 유민들을 이끌고 동모산에서 나라를 세웠어요.

(이때는 나라 이름을 '진국'이라고 했어요.)

732년
발해, 당나라의 등주 공격

828년
신라, 청해진 설치
신라의 장보고가 완도에 청해진을 설치했어요. 그 후 장보고는 이 일대의 해상 무역을 주도했어요.

신라방
신라와 당나라의 무역이 활발해지면서 당나라 여기 저기에 신라인들이 집단으로 모여 사는 동네가 생겨났어요. 이를 신라방이라고 했는데 그중 산둥 반도의 덩저우에 있었던 신라방이 가장 유명해요.

900년
견훤, 후백제 세움
견훤이 전라도 일대에서 세력을 키워 후백제를 세웠어요.

(견훤은 경상도 상주 출신의 호족이었어요.)

901년
궁예, 후고구려 세움

(궁예는 신라 왕자 출신이에요.)

918년
왕건, 고려 세움
궁예의 부하였던 왕건이 후고구려(태봉)의 왕이 되어 나라 이름을 '고려'라고 했어요.

후삼국 시대
신라 말에는 견훤이 세운 후백제와 궁예가 세운 후고구려(태봉)가 각각 전라도, 충청도 일대와 황해도, 경기도, 강원도 일대를 다스렸어요.
신라를 포함해 3개의 나라가 한반도를 다스렸던 것이지요. 이때를 후삼국 시대라고 해요.

926년
발해, 거란에 멸망

(발해 멸망 후, 발해의 왕족은 고려로 망명했어요.)

935년
신라, 고려에 항복
신라의 경순왕이 왕건에게 항복함으로써 신라가 멸망했어요.

남북국 시대가 한눈에 쏙!

주요 사건

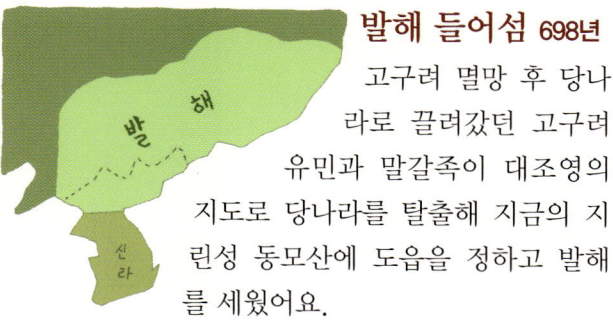

발해 들어섬 698년
고구려 멸망 후 당나라로 끌려갔던 고구려 유민과 말갈족이 대조영의 지도로 당나라를 탈출해 지금의 지린성 동모산에 도읍을 정하고 발해를 세웠어요.

고려 들어섬 918년
왕건은 궁예의 휘하에서 혁혁한 전과를 올린 장군이었어요. 그러나 궁예가 갈수록 인심을 잃자 여러 부하들과 함께 반란을 일으켜 그를 제거하고 고려를 세웠어요.

주요 인물

원효
신라의 승려예요. 여러 저술을 통해 불교 사상을 정리했고, 시장통에서 노래를 지어 부르면서 백성들에게 불교를 전했어요.

대조영
고구려 유민으로 발해의 시조예요. 고구려 멸망 후 가족과 함께 당나라로 끌려갔으나 유민들을 이끌고 탈출해 고구려의 옛 땅에 발해를 세웠어요.

장문휴
발해의 장군이에요. 무왕의 명령을 받아 수군을 이끌고 산둥 반도에 있는 당나라의 국제 무역항인 덩저우를 공격했어요.

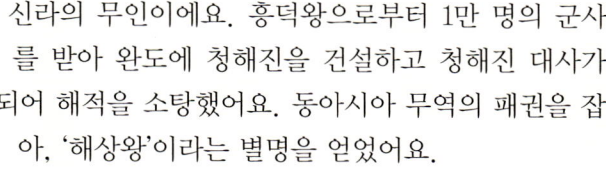

장보고
신라의 무인이에요. 흥덕왕으로부터 1만 명의 군사를 받아 완도에 청해진을 건설하고 청해진 대사가 되어 해적을 소탕했어요. 동아시아 무역의 패권을 잡아, '해상왕'이라는 별명을 얻었어요.

최치원
신라의 학자이자 문장가예요. 당나라에서 벼슬을 지내며 문장가로 이름을 날렸고, 신라에 돌아와서는 진성여왕에게 개혁안을 올렸어요.

주요 문화재

발해 석등
중국 헤이룽장성에 남아 있는 발해의 석등이에요. 상경성 내에 있는 절에 세워졌던 것으로, 현무암으로 만든 높이 6m의 거대한 등이에요.

무구정광대다라니경
신라 경덕왕 때에 간행된 것으로 추정되는 두루마리 불경이에요. 불국사 삼층 석탑(석가탑)에서 발견되었는데 지금까지 세계에 남아 있는 목판 인쇄물 중에서 가장 오래되었어요.

불국사와 석굴암
신라 경덕왕 때의 대신 김대성이 발원하여 세운 2개의 절이에요. 건물의 배치와 장식의 아름다움, 과학적 설계 등으로 세계적인 걸작으로 꼽혀요.

길이 약 620cm 폭 약 8cm

똑똑해지는 한국사 퀴즈

01 신라가 전국을 9주 5소경으로 나눈 이유는 무엇인가요?
02 한번 불면 나라의 모든 근심, 걱정이 사라졌다는 신문왕의 보물은 무엇인가요?
03 발해를 세운 인물은 누구인가요?
04 완도에 청해진을 설치하고 해상 무역을 주도했던 인물은 누구인가요?
05 발해는 어느 민족에 의해 멸망되었나요?
06 세계에서 가장 오래된 목판 인쇄물은 무엇인가요?

정답 01 중앙 집권 통치를 강화하기 위해서 / 02 만파식적 / 03 대조영 / 04 장보고 / 05 거란족 / 06 무구정광대다라니경

고려 시대

시기 : 918년~1392년
수도 : 개경(개성)
시조 : 왕건(태조)
마지막 왕 : 공양왕

고려가 후삼국을 통일한 때부터 고려가 멸망한 때까지의 주요 사건을 다뤘어요.
이 시기에는 불교가 크게 성행하였고, 고려는 한때 몽골족이 세운 원나라의 사위 나라가 되기도 했어요.

936년
고려, 후삼국 통일
고려의 태조 왕건이 후백제를 무너뜨림으로써 후삼국 통일을 완수했어요.

943년
태조, 훈요 10조를 남김

후손들에게 남긴 10개의 교훈, 훈요 10조
태조 왕건은 죽기 전, 후손들에게 하고 싶은 말을 10개로 정리해 신하 박술희에게 받아 적게 했는데, 그중 중요한 내용은 다음과 같아요.

- 국가를 세우는 데 불교의 힘을 입었으니 불교를 숭상할 것
- 왕위 계승은 원칙적으로 적자(정식 부인이 낳은 아들)로 할 것
- 거란과 같은 야만국의 풍속을 배격할 것
- 서경을 중요하게 여길 것
- 연등회, 팔관회 등을 소홀히 하지 말 것
- 왕이 된 자는 공평하게 일을 처리하여 민심을 얻을 것
- 경전과 역사서를 널리 읽어 옛일을 교훈 삼을 것

993년
거란의 제1차 침입
고려가 자신을 배척하는 데 불안을 느낀 거란이 고려를 침공했어요. 이때 서희가 담판을 지어 그들을 물리쳤어요.

1008년
수도 개경에 나성 쌓음

1010년
거란의 제2차 침입

1011년
초조대장경 조판 시작
부처님의 힘을 빌려 거란의 침입을 물리치기 위해 대장경을 간행하기 시작했어요.

열정과 기술의 결정체, 대장경
대장경이란 불경과 그 해설서 등 불교와 관련된 모든 책을 모아 놓은 전집이에요. 이를 간행하기 위해서는 불교에 대한 열정뿐만 아니라 높은 학문 수준과 출판 기술이 있어야만 하지요. 그런데 고려 때는 이런 대장경을 3번이나 펴냈어요.

1135년
서경에서 반란이 일어남
묘청 등이 서경에서 반란을 일으켰어요.

풍수지리설과 서경 천도 운동
묘청 등은 풍수지리설을 바탕으로 서경으로 천도할 것을 주장했어요. 풍수지리설이란 땅을 살아있는 생명으로 보고, 개인이나 국가의 운명도 그 기운과 관련이 있다고 보는 사상이에요.
그러나 이런 생각은 개경의 유학자들에게 받아들여지지 않았어요. 결국 묘청 등은 자신들의 주장을 실현하기 위해 서경에서 반란을 일으켰지요.

1145년
김부식, 《삼국사기》를 편찬

1170년
'무신의 난' 일어남
정중부 등이 반란을 일으켜 무신정권을 세웠어요.

'무신의 난'의 배경이 된 무신 차별
고려 때는 무신의 지위가 문신에 비해 매우 낮았어요. 무신은 가장 높이 올라가도 정3품인 상장군까지밖에 못 올라갔고, 군대의 최고 통솔권도 문신이 가지고 있었지요. 이런 차별 대우에 불만을 품고 무신들이 반란을 일으켰어요.

왕권 강화에 도움이 된 과거제

과거는 시험을 봐서 관리를 뽑는 제도예요. 신분이 좋은 사람이 아니라 실력이 좋은 사람들에게 정치를 맡기는 제도였지요. 또한 왕은 이들을 통해 공신 세력을 견제하고 왕권을 강화할 수 있었어요.

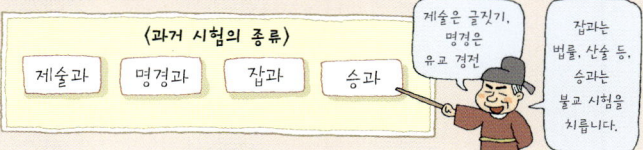

우리나라 최초의 화폐 건원중보

고려 성종 때에는 우리나라 최초의 화폐인 건원중보가 발행되었어요. 건원중보는 동전과 철전의 두 종류가 있었는데, 동그란 모양에 네모난 구멍이 뚫려 있었어요.

958년

과거제 시작

광종이 중국의 후주에서 온 쌍기의 건의를 받아들여 처음으로 과거제를 시행했어요.

962년

송과 국교를 맺음

983년

전국에 12목을 설치

성종이 지방에 대한 통제를 강화하기 위해 전국에 12목을 설치했어요.

1086년

의천, 속장경 편찬

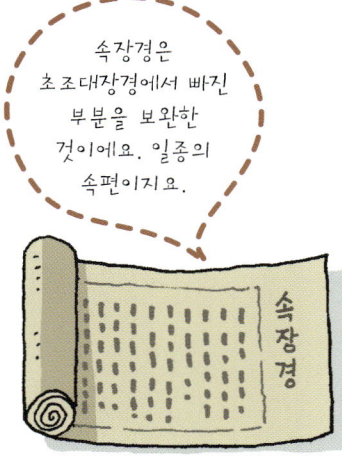

1107년

윤관, 여진족을 정벌

윤관이 별무반을 이끌고 지금의 함경남도 일대에 살던 여진족을 정벌한 후 그곳에 9성을 쌓았어요.

쌓았다가 돌려준 9성

여진족을 물리친 윤관은 새로 차지한 영토에 성을 쌓고 남쪽의 백성들을 옮겨와 살게 하자고 왕께 건의했어요. 이렇게 해서 만들어진 것이 9성이에요. 그러나 고려는 여진족이 계속 애걸하자 1년 만에 그 성들을 되돌려 주었어요. 9성의 위치에 대해서는 A와 B의 두 가지 설이 있어요.

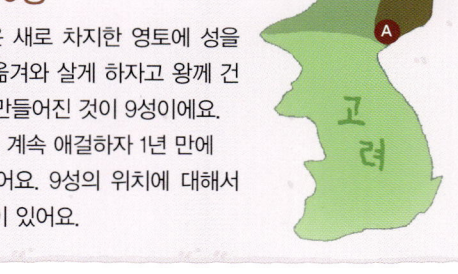

1126년

'이자겸의 난' 일어남

왕의 외척이었던 귀족 이자겸이 반란을 일으켰어요.

1198년

'만적의 난' 발각

만적이 개경의 노비들을 모아 반란을 일으키려다 사전에 발각되었어요.

1231년

몽골의 제1차 침입

고려에 왔던 몽골 사신이 국경에서 피살된 것을 핑계 삼아, 몽골이 고려를 침략했어요.

1232년

최우, 수도를 강화도로 옮김

무신정권의 우두머리였던 최우가 수도를 강화도로 옮기고 몽골과 싸울 것을 다짐했어요.

1236년
팔만대장경 간행 시작

> 부처님의 힘을 빌려 몽골군을 물리치고자 만들었어요.

1270년
수도를 다시 개경으로 옮김
원종이 무신정권을 무너뜨린 후, 수도를 다시 개경으로 옮겼어요.

1270년
삼별초 항쟁

삼별초의 대몽 항쟁
고려 조정이 몽골에 항복하고 개경으로 돌아간 이후에도 삼별초는 진도와 제주도로 중심지를 옮겨 가며 항쟁을 계속했어요. 그러나 항쟁을 시작한 지 3년 만에 결국 고려·몽골 연합군에 의해 평정되고 말았어요.

> 삼별초는 무신정권 때 경찰 업무와 몽골과의 전투 등을 담당했던 군대였어요.

1274년
몽골과 고려 연합군, 제1차 일본 원정
몽골군이 고려군과 함께 제1차 일본 원정을 떠났으나 때마침 불어온 태풍 때문에 실패했어요.

1285년
일연, 《삼국유사》 지음

> 불교 관련 기사와 설화 등 《삼국사기》에 빠진 것들을 모아 편찬했어요.

1351년
공민왕 즉위
공민왕이 즉위하여 각종 개혁 정책을 펼치기 시작했어요.

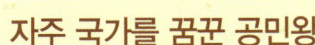

자주 국가를 꿈꾼 공민왕
공민왕은 몽골 황실의 외손이었고 아내도 몽골 공주였어요. 그러나 그는 고려의 왕으로서 고려를 자주 국가로 만들고 싶었어요. 그래서 친원 세력을 몰아내고 몽골 풍습을 없애는 등 많은 개혁을 했어요.

1361년
이성계, 서북 지방을 침략한 홍건적 격퇴

> 홍건적은 원나라(몽골) 말기의 한족 농민 반란군이었어요.

1388년
최영, 요동 정벌을 떠남
우왕은 명나라가 철령 이북의 땅을 빼앗으려 하자 이를 막기 위해 최영 등을 보내 요동을 정벌하게 했어요.

> 최영이 대장군, 조민수가 좌장군, 이성계는 우장군이었어요.

이성계가 요동 정벌에 반대한 4가지 이유
첫째, 작은 나라인 고려가 큰 나라인 명나라를 상대로 싸우는 것은 좋지 않다. 둘째, 여름철에 전쟁을 벌이면 농사를 망친다. 셋째, 요동 정벌을 가면 그 틈을 타고 왜구가 침입할 것이다. 넷째 장마철에는 활이 제 기능을 발휘하지 못하고, 전염병이 돌기 쉽다.

1388년
이성계, 위화도에서 군대를 돌림

1391년
혁명 세력, 토지제도 개혁을 단행
이성계 등의 혁명 세력이 고려 사회의 제일 큰 문제였던 토지제도를 개혁했어요.

> 귀족들이 불법적으로 가지고 있던 땅을 그대들에게 주노라!

1392년
이방원, 정몽주 제거

고려 시대가 한눈에 쏙!

주요 사건

고려의 후삼국 통일 936년
왕건은 신라의 경순왕으로부터 평화적으로 권력을 넘겨받은 후, 이어서 무력으로 후백제를 멸망시켰어요. 그렇게 해서 후삼국이 통일되었지요.

몽골의 침략 1231~1259년
몽골은 1231년부터 1259년까지 6차례에 걸쳐 고려를 침략했어요. 그 동안 조정은 강화도로 옮겨가 정권을 계속 유지하였지만 백성들은 몽골군의 횡포에 크게 시달렸어요.

주요 인물

왕건
고려의 첫 번째 왕이에요. 송악(개성)의 호족 출신으로 궁예의 부하로 지내다가 신하들에 의해 왕으로 추대되었어요.

서희
고려 초기의 문신이자 외교가예요. 거란이 80만의 대군으로 쳐들어왔을 때 홀로 적진에 들어가 담판으로 적을 물리치고 강동 6주를 얻어냈어요.

문익점
고려 후기의 문신이에요. 원나라에 사신으로 갔다가 몰래 목화씨를 숨겨 돌아왔어요. 그 후 장인과 함께 힘들게 목화 재배에 성공하고 그 기술을 주변 사람들에게 전파했어요.

만적
무신정권 시기의 개경의 노비였어요. '왕과 제후와 장군과 재상이 되는 데는 씨가 따로 없다'며 노비들을 모아 반란을 준비했으나 사전에 발각되어 처형되었어요.

정몽주
고려 후기의 대학자로 학문뿐 아니라 무예와 외교술에도 뛰어났어요. 조선 건국에 끝까지 반대하다가 이방원에 의해 살해되었어요.

주요 문화재

상감청자
고려를 대표하는 자기예요. 투명하고 신비로운 비취색과 세련된 형태, 아름다운 무늬 등으로 세계에서 가장 뛰어난 청자로 인정받고 있어요.

팔만대장경
몽골 침입 시기에 만들어져 합천 해인사에 보관되어 있는 대장경판이에요. 팔만 장 이상의 목판으로 되어 있으며, 판각 기술과 내용이 거의 완벽해, 유네스코 세계기록유산으로 지정되었어요.

《삼국사기》
고려 후기에 김부식 등이 지은 역사책이에요. 현재 남아 있는 역사책으로는 우리나라에서 가장 오래된 것이며, 삼국 시대와 통일 신라 시대를 연구할 때 가장 기본적으로 이용하는 사료예요.

똑똑해지는 한국사 퀴즈

01 태조 왕건이 죽기 전, 후손들에게 남긴 10개의 교훈을 무엇이라 하나요?
02 현재 남아 있는 우리나라 역사책 중 가장 오래된 역사책은 무엇인가요?
03 합천 해인사에 있으며, 8만 장 이상의 목판으로 된 대장경은 무엇인가요?
04 제주도로 옮겨와 끝까지 몽골에 항쟁을 계속한 군대 이름은 무엇인가요?
05 투명하고 신비로운 비취색으로 고려를 대표하는 자기는 무엇인가요?
06 원나라에서 목화씨를 숨겨와 우리나라에 널리 퍼뜨린 인물은 누구인가요?

정답 01 훈요 10조 / 02 《삼국사기》 / 03 팔만대장경 / 04 삼별초 / 05 상감청자 / 06 문익점

조선 시대

시기 : 1392년~1910년
수도 : 한양(서울)
시조 : 이성계(태조)
마지막 왕 : 순종

이성계가 왕위에 올라 조선을 연 때부터 조선이 일본과 강화도 조약을 맺은 때까지의 주요 사건을 다뤘어요.
이 시기에는 한글이 창제되는 등 민족 문화가 활짝 꽃피었고 성리학이 발전했어요.

1392년
조선 들어섬
이성계가 공양왕으로부터 왕위를 넘겨 받아 조선을 세웠어요.

1394년
정도전, 《불씨잡변》 지음
정도전이 《불씨잡변》을 지어 성리학적 입장에서 불교를 비판했어요.

1413년
태종, 호패법 시행
호패는 16세 이상의 남자들이 착용하던 일종의 신분증이에요.

1433년
최윤덕, 여진 정벌
최윤덕이 압록강 유역의 여진족을 몰아냈어요.

그 후 조선의 국경선은 압록강~두만강까지 넓어졌어요.

1498년
무오사화 일어남
무오년에 사초(실록의 자료) 문제로 사화가 일어나 많은 선비들이 죽거나 귀양을 갔어요.

사화는 그 후에도 여러 차례 일어났어요.

1506년
중종 반정 일어남
박원종 등이 반정을 일으켜 연산군을 쫓아내고 중종을 왕으로 추대했어요.

1510년
3포 왜란
조선이 법에 따라 일본인(왜인)을 통제하는 데 불만을 품고 3포에 거주하던 일본인들이 반란을 일으켰어요.

3포는 부산포(동래), 염포(울산), 제포(진해)예요.

1592년
임진왜란 일어남
일본이 명나라를 치러 간다는 구실로 조선을 침략해 7년에 걸친 전쟁이 시작되었어요.

임진왜란의 3대 대첩
한산도 대첩
이순신 장군이 이끄는 수군이 한산도 앞바다에서 적의 주력 부대를 무찔렀어요.

진주 대첩
진주성 백성들이 김시민 장군을 중심으로 똘똘 뭉쳐 적을 물리쳤어요.

행주 대첩
권율 장군이 철저한 대비로 행주산성을 지켜 적을 물리쳤어요.

1608년
광해군 즉위

광해군은 임진왜란을 수습하고 명과 후금 사이에서 중립을 취했어요.

조선의 대표 궁궐, 경복궁

조선 시대에는 경복궁, 창덕궁, 창경궁, 덕수궁, 경희궁 등의 궁궐이 있었어요. 그중 가장 대표적인 궁궐이 경복궁이었지요.
경복궁은 200여 개의 건물이 있던 큰 궁궐이었지만 임진왜란과 일제 강점기를 거치면서 크게 훼손되어 본래의 모습을 많이 잃었어요.

민족 문화의 샘, 집현전

집현전은 학문 연구와 토론, 도서 편찬 등을 담당하고 왕에게 정치적인 조언을 하던 기관으로, 세종 때에 확대되었어요. 세종 때를 전후하여 민족 문화가 활짝 꽃필 수 있었던 데에는 이곳에서 활동하던 학자들의 역할이 컸지요.

1441년
측우기 발명

과학적으로 강우량을 잰 조선

조선은 세종 때에 장영실 등이 측우기를 발명하여 강우량 측정의 선진국이 되었어요. 조선 전기에는 같은 크기의 측우기를 전국에 설치하여 전국적으로 강우량을 쟀지요. 이러한 전통은 유럽보다 거의 200년이나 앞선 것이었어요.

1443년
훈민정음(한글) 창제

세종이 집현전 학자들과 함께 한글을 창제했어요.

훈민정음은 '백성을 가르치는 바른 소리'라는 뜻이에요.

1469년
최항 등, 《경국대전》을 완성하여 올림

조선왕조 500년의 기본 법전, 《경국대전》

조선은 《경국대전》을 만들어 나라를 다스렸어요. 왕이 관리를 임명할 때, 관리가 죄인을 취조할 때, 백성이 세금을 낼 때 등 나라에서 일어나는 모든 일이 《경국대전》에 적힌 법을 바탕으로 이루어졌지요. 그래서 우리는 조선을 '법치 국가'라고 해요.

세금, 부역, 화폐 등에 대한 법을 수록!

법률, 노비 등에 대한 법을 수록!

1543년
주세붕, 백운동 서원 세움

주세붕이 경상북도 풍기(영주)에 사립학교인 백운동 서원을 세웠어요.

후에 최초의 사액 서원이 되었어요.

사액 서원이란 국가가 공인한 서원이란 뜻이에요.

1559년
임꺽정의 난 일어남

의적 임꺽정

임꺽정은 보통의 도둑과 크게 달랐어요. 주로 관청이나 양반, 호족이 백성들에게 거두어 들인 재물을 빼앗아 가난한 백성들에게 다시 나누어 주었지요. 그에 관한 이야기는 후에 여러 가지 설화로 만들어졌어요.

1575년
사림파, 서인과 동인으로 나누어짐

사림파가 서인과 동인으로 나누어지면서 붕당정치가 시작되었어요.

사림파는 조선 중기를 이끈 정치 세력이에요.

당을 만들어 정치하는 붕당정치

붕당정치란 관료들이 출신 지방이나 학문, 정치적 생각의 차이에 따라 당을 나누어 서로 대결하며 정치를 해 나가는 것을 말해요. 서인과 동인이 제일 먼저 생긴 붕당이고 그 후 남인과 북인, 노론과 소론 등이 차례로 생겨났어요.

1610년
허준, 《동의보감》 지음

사람의 병 증상을 5가지로 나눈 후 항목에 따라 치료 방법을 자세히 적었어요.

체계적인 의학서를 꼭 완성시키리라!

1623년
서인, 인조반정 일으킴

광해군의 정책에 반대하던 서인 세력이 반정을 일으켜 광해군을 쫓아냈어요.

1636년
병자호란 일어남

청나라가 자신을 임금의 나라로 섬길 것을 요구하며 조선을 침략했어요.

우리를 왕따 시켜? 참을 수 없다!

서인의 외교 정책이 부른 비극, 병자호란

광해군을 몰아내고 권력을 잡은 서인 세력은 명나라와의 의리를 내세우며 계속 후금을 배척했어요. 이에 후금은 두 차례에 걸쳐 조선을 침공하였는데, 그것이 정묘호란과 병자호란이에요.

1653년
하멜, 제주도에 표착
네덜란드인 하멜이 풍랑을 만나 표류하다가 일행과 함께 제주도에 상륙했어요.

1696년
안용복, 일본으로 가서 울릉도와 독도가 조선 땅임을 주장

1712년
백두산정계비 세워짐
청나라가 관리를 보내 백두산 일대를 답사하고 백두산정계비를 세웠어요.

정계비에 적힌 '토문강'이 어딘지를 두고 우리나라와 중국이 대립하고 있어요.

국경선을 표시하기 위해 세웠어요.

1725년
영조, 탕평책 실시
영조가 붕당정치의 폐해를 막기 위해 탕평책을 실시했어요.

당파에 상관없이 인재를 골고루 등용하라!

1776년
정조 즉위

1794년
수원 화성 건축 시작

화성은 1997년에 유네스코 세계문화유산에 등재되었어요.

1805년
안동김씨, 세도정치 시작
외척이었던 안동김씨 가문이 권력을 독점하고 정치를 좌지우지하기 시작했어요.

1818년
정약용, 《목민심서》 지음

실학을 집대성한 정약용
정약용은 조선 후기의 대표적인 실학자였어요. 《목민심서》, 《경세유표》 등의 많은 책을 지었고 과학과 기술에도 조예가 깊었어요. 한강의 배다리를 설계하고 도르래의 원리를 이용한 거중기 등을 고안하기도 했지요.

1862년
임술 농민 봉기
세도정치 하에서 관리들이 백성을 괴롭히자 농민들이 전국적으로 반란을 일으켰어요.

세금 때문에 도저히 못살겠다!

1866년
병인양요 물리침

우리 선교사 9명을 처형했으니, 어서 보상을 해라!

서양 오랑캐는 죽어 마땅하거늘 웬 행패냐?

천주교 박해를 빌미 삼은 병인양요
병인년에 흥선대원군은 프랑스인 선교사 9명과 조선인 천주교도 8,000여 명을 학살한 병인박해 사건을 일으켰어요. 이를 빌미로 프랑스 함대가 강화도를 쳐들어와 병인양요가 일어났지요.

1871년
신미양요 물리침

신미양요는 미국 함대가 통상조약 체결을 주장하며 강화도에 침입한 사건이에요.

1876년
강화도 조약 체결
일본이 운요호 사건을 빌미로 통상 수교를 요구하여 결국 강화도 조약이 체결되었어요.

강화도 조약은 우리나라에 일방적으로 불리한 불평등 조약이었어요.

적반하장, 운요호 사건
1875년, 일본이 운요호를 앞세워 강화도를 불법으로 침략하자 조선과 일본군 사이에 격렬한 전투가 벌어졌어요.
이어 운요호는 영종도에 상륙하여 약탈과 방화를 저지른 후 철수하였는데 일본은 오히려 이 사건으로 일본이 큰 피해를 입었다며 조선을 위협했어요.

왜 가만 있는 우리를 공격하는 거야?
남의 나라를 침략한 자들이 말이 많다!

그만 싸우고 통상을 맺자.
이제 조선은 우리 덫에 걸린 거다.

조선 시대가 한눈에 쏙!

주요 사건

임진왜란 일어남 1592년
일본이 20여만 명의 병력으로 조선을 침공했어요. 갑작스레 당한 침입에 조선은 순식간에 한양을 점령당했지만 수군과 의병의 활약에 힘입어 결국 일본을 물리쳤어요.

강화도 조약 체결 1876년
조선과 일본 사이에 강화도 조약이 체결되었어요. 강화도 조약으로 조선은 부산을 포함한 세 항구를 열었고, 이후 서양의 여러 나라와도 비슷한 조약을 잇달아 체결하여 문호를 개방했어요.

주요 인물

이성계
고려 말기의 장군으로 홍건적과 왜구 격퇴에 큰 공을 세웠어요. 그 후 정도전 등과 함께 조선을 세우고 조선의 첫 번째 왕이 되었어요.

정도전
고려 말기, 조선 초기의 학자이자 정치가예요. 이성계와 함께 조선을 세우고 각종 제도를 정비하여 조선의 기틀을 마련했어요.

세종대왕
조선의 제4대 왕이에요. 국방을 튼튼히 하고 과학·기술을 발전시켰어요. 또 훈민정음을 창제하여 민족 문화 발전의 기초를 만들었어요.

이황
조선 중기의 유학자예요. 주자의 성리학을 받아들여 더욱 발전시켰어요. 그의 사상은 일본 주자학의 성립에도 큰 영향을 끼쳤어요.

이하응
조선의 왕족이자 정치가예요. 고종의 아버지로 아들이 왕위에 오르자 흥선대원군에 봉해졌어요. 조선 후기의 정치를 사실상 주도하였고 외세에 단호히 대응했어요.

주요 문화재

한글
세종대왕 때에 만들어진 우리글이에요. 28개(지금은 24개)의 글자를 조합하여 우리말을 적는 소리글자이며, 세계에서 가장 과학적인 글자로 평가받고 있어요.

《조선왕조실록》
조선 시대에 국가에서 편찬한 역사책이에요. 왕이 죽을 때마다 생전의 자료를 모아 편찬했는데, 태조부터 철종 때까지의 기록이 있어요.

수원 화성
조선 후기 정조 때에 세워진 성이에요. 방어 시설과 농업 시설, 상업 시설을 모두 갖춘 새로운 개념의 계획도시로 세워졌어요. 성곽의 모양이 독특하고 아름다워요.

똑똑해지는 한국사 퀴즈

01 정도전이 지었으며, 성리학적 입장에서 불교를 비판한 책은 무엇인가요?
02 주세붕이 경상북도 풍기에 세운 사립학교는 무엇인가요?
03 출신, 지방, 학문 등에 따라 당을 나누어 대결하는 정치는 무엇인가요?
04 영조가 붕당정치의 폐해를 막기 위해 실시한 정책은 무엇인가요?
05 《목민심서》 등을 지은 조선 후기의 대표적인 실학자는 누구인가요?
06 운요호 사건을 계기로 일본과 맺은 불평등 조약은 무엇인가요?

정답 01 《불씨잡변》 / 02 배운동 서원 / 03 붕당정치 / 04 탕평책 / 05 정약용 / 06 강화도 조약

개항기

조선(대한 제국)
- 시기: 1392년~1910년
- 수도: 한양(서울)
- 시조: 이성계(태조)
- 마지막 왕: 순종

강화도 조약 이후부터 일본에게 나라를 빼앗기기 직전까지의 주요 사건을 다뤘어요. 이 시기에는 왕실과 지식인, 농민 등 다양한 계층이 나라를 근대화시키고 독립을 지키기 위해 노력했어요. 말기에는 나라 이름을 대한 제국으로 바꿨어요.

1882년 — 임오군란 일어남
구식군대 군인들이 자신들을 형편없이 대우하는 데 불만을 품고 반란을 일으켰어요.

1884년 — 갑신정변 일어남

근대 사회를 꿈꾼 갑신정변
갑신정변은 김옥균, 박영효 등의 급진 개화파가 새로운 사회를 꿈꾸며 일으킨 개혁 운동이었어요. 그들이 꿈꾼 사회는 능력에 따라 관리가 임명되고 의정부를 통해 군주권이 제약을 받는 등의 근대적인 사회였지요.

1885년 — 영국, 거문도를 불법으로 점령
영국이 러시아의 진출을 미리 막는다는 핑계로 남해안의 거문도를 불법으로 점령했어요.

1895년 — 을미사변
일본공사 미우라가 떠돌이 무사들을 이끌고 경복궁에 들어와 명성황후를 시해했어요.

1896년 — 의병(을미의병) 일어남

1896년 — 고종, 러시아 공사관으로 피신
명성황후 시해로 신변의 위협을 느낀 고종이 러시아 공사관으로 피신했어요.

1904년 — 러일 전쟁 시작됨

서구 문물의 수용
개항 이후 서구 문물이 속속 전해졌어요. 철도가 놓이고 전차가 등장했으며 신식학교와 근대적 병원, 우체국도 생겨났어요. 사람들은 단발과 양복, 양옥 등에 점차 익숙해졌고 조혼의 풍속도 사라지기 시작했지요.

1904년 — 보안회, 일본의 황무지 개간권 요구에 반대하는 성토대회를 엶

1904년 — 대한매일신보 창간

사람의 소중함을 가르친 동학

동학은 '시천주', '사인여천', '인내천', 즉, '하느님을 정성껏 내 마음속에 모신다', '사람을 하늘처럼 섬기라', '사람이 곧 하늘이다'라고 가르쳤어요. 동학교도들이 지배층의 수탈과 외세의 침략에 저항할 수 있었던 용기는 여기에서 나왔지요.

대한 제국이 추진한 광무 개혁

고종 황제는 국방력 강화, 재정 개혁, 상공업 육성 등을 내용으로 하는 광무 개혁을 추진했어요. 그러나 열강의 이권 침탈이 계속되었고 개혁에 대한 백성들의 지지도 받지 못했기 때문에 곧 한계에 부딪히고 말았어요.

1894년
동학 농민 운동 일어남
농민들이 동학교도를 중심으로 들고 일어나 관리와 지주의 수탈, 외세 침략 등에 항의했어요.

1894년
청일 전쟁 시작됨

조선의 지배권을 놓고 싸운 청일 전쟁
동학 농민 운동이 일어나자 청나라 군대와 일본 군대가 동시에 조선에 들어왔어요. 이윽고 둘 사이에 전쟁이 벌어졌는데 이를 청일 전쟁이라고 해요. 이 전쟁에서 승리한 일본은 조선에 대한 지배권을 확실히 갖게 되지요.

1894년
갑오개혁 실시

1896년
서재필 등의 개화파 지식인, 독립 협회 결성

1897년
대한 제국 성립, 광무 개혁 추진
고종이 러시아 공사관에서 돌아와 나라 이름을 대한 제국으로 바꾸고 황제즉위식을 가졌어요. 이어 개혁을 추진했어요.

1898년
독립 협회, 만민 공동회를 엶
독립 협회가 종로 네거리에서 만민 공동회를 열었어요.

1904년
제1차 한일 협약 체결
일본이 대한 제국으로 하여금 각 부에 외국인 고문을 두게 하는 제1차 한일 협약을 체결하게 했어요.

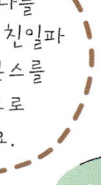

1905년
일본, 독도를 빼앗아 감
일본이 독도의 이름을 '다케시마'로 고치고 자기 나라의 시마네 현에 포함시켰어요.

1905년
을사조약(제2차 한일 협약) 체결
일본이 을사조약을 강제로 체결하여 대한 제국의 외교권을 빼앗았어요.

나라를 팔아먹은 을사5적
을사조약에 찬성한 조선의 대신은 이완용, 이지용, 박제순, 이근택, 권중현이었어요. 이들을 을사5적이라고 해요.

1905년
의병(을사의병) 일어남

1906년
일본, 통감부 설치
일본이 통감부를 설치하여 본격적으로 한국을 집어삼킬 준비를 진행했어요.

통감이 주도한 대한 제국의 외교
을사조약에는 '일본국 정부는 그 대표자로서 한국 황제 아래에 한 명의 통감을 두며, 통감은 전적으로 외교에 관한 사항을 관리…'라는 조항이 있어요. 일본이 보낸 통감이 대한 제국의 외교를 실제로 주도하게 한 것이지요.

1907년
서상돈 등, 국채 보상 운동 시작

전 국민이 힘을 모아 일본에 진 빚을 갚자는 운동이에요.

1907년
고종, 헤이그에 특사 파견
고종 황제가 을사조약의 불법성을 알리기 위해 헤이그에서 열린 만국 평화 회의에 특사를 파견했어요.

헤이그로 간 3인의 특사
이상설, 이준, 이위종은 고종의 비밀 명령을 받고 만국 평화 회의가 열리는 네덜란드 헤이그로 가서 외교 활동을 벌였어요. 그러나 일제의 방해로 본회의에는 참석하지 못했고 분통 때문에 병이 난 이준은 그곳에서 순국했어요.

1907년
군대 해산
일본이 헤이그 특사 파견을 빌미로 고종 황제를 퇴위시키고 한국군을 해산시켰어요.

해산된 군인들이 가담하면서 의병(정미의병) 활동이 더욱 거세졌어요.

1907년
안창호 등, 신민회 설립

국권 회복을 위해 결성된 전국적 규모의 비밀 결사 조직이에요.

1908년
13도 창의군, 서울 진공 작전 시도
전국 연합 의병부대인 13도 창의군이 서울 진공 작전을 시도했어요.

1908년
장인환과 전명운, 샌프란시스코에서 친일 외교 고문 스티븐스 사살

1908년
일본, 동양 척식 주식회사 세움
일본이 식민지 개척 사업을 위해 한국에 동양 척식 주식회사를 세웠어요.

1909년
일본, 청나라와 간도 협약 맺음
일본이 간도 협약을 체결하여 간도를 청나라에 넘겨 줬어요.

잃어버린 땅, 간도
일반적으로 간도는 두만강과 쑹화 강 사이의 땅을 말해요. 예로부터 우리 민족이 개간하고 소유한 영토였으나, 조선의 외교권을 빼앗은 일제가 만주의 철도 부설권과 광산 채굴권을 얻는 대가로 청나라에 넘겨 버렸어요.

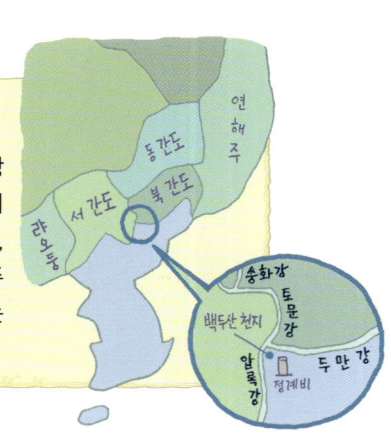

1909년
안중근, 이토 히로부미 사살

개항기가 한눈에 쏙!

주요 사건

대한 제국 성립 1897년
나라 안팎의 어려움이 날로 더해가는 가운데 고종이 나라 이름을 대한 제국, 연호를 광무로 정하고 황제즉위식을 가졌어요. 이로써 우리나라가 자주 국가임을 세계에 알렸어요.

을사조약 체결 1905년
일제가 강제로 을사조약을 체결하여 대한 제국의 외교권을 빼앗았어요. 그러나 을사조약은 고종 황제의 결재를 받지 않은 것이기 때문에 원천적으로 무효이지요.

주요 인물

김옥균
조선 후기의 정치가예요. 급진 개화파의 지도자로서 갑신정변을 주도하였으나 실패했어요. 일본에서 망명 생활을 하던 중에 자객에게 암살당했어요.

전봉준
조선 후기의 혁명가이자 장군이에요. 농민군 총대장으로서 동학 농민 운동을 이끌었어요. 부하의 밀고로 일제에 체포되어 동료들과 함께 처형당했어요.

신돌석
대한 제국 시기 평민 출신의 의병장이에요. 을사조약이 체결되자 영남 지방에서 의병을 일으켜 어떤 양반 의병장보다도 큰 전과를 올렸어요.

신채호
대한 제국 시기와 일제 강점기에 활동한 언론인이자 독립 운동가, 역사가예요. 언론과 문필 활동, 역사 연구를 통해 민족의식을 고취하는 한편 비밀결사와 무장투쟁에도 참여했어요.

안중근
대한 제국 시기의 사상가이자 의병장이에요. 국권 회복을 위해 교육 운동과 의병 활동 등을 했어요. 하얼빈에서 침략의 원흉 이토 히로부미를 저격하여 한국인의 기개를 세계에 떨쳤어요.

주요 문화재

독립문
한 말, 자주 독립의 의지를 다지기 위해 독립 협회가 중심이 되어 세운 기념물이에요. 중국 사신을 맞던 영은문을 헐고 그 자리에 프랑스 파리의 개선문을 본떠 세웠어요.

러시아 공사관
서울시 중구 정동에 있는 르네상스식 벽돌 건축물이에요. 조선과 러시아가 수호 조약을 체결한 직후에 착공되어 5년 만에 완공되었어요.

정동 교회
우리나라 최초의 기독교 교회당이에요. 1895년에 짓기 시작하여 이듬해에 완성되었어요. 고딕풍의 붉은 벽돌 건물로 서울시 중구 정동에 있어요.

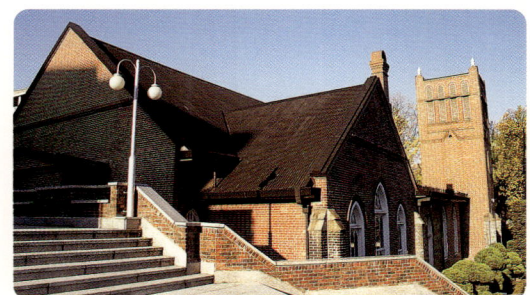

똑똑해지는 한국사 퀴즈

01 급진 개화파가 새로운 사회를 꿈꾸며 1884년에 일으킨 개혁 운동은 무엇인가요?
02 일본인이 경복궁에 들어와 명성황후를 시해한 사건은 무엇인가요?
03 일본이 대한 제국의 외교권을 빼앗은 강제 조약은 무엇인가요?
04 전 국민이 힘을 모아 일본에 진 빚을 갚기 위해 일으킨 운동은 무엇인가요?
05 이토 히로부미를 사살한 독립 운동가는 누구인가요?
06 서울시 정동에 남아 있는 우리나라 최초의 기독교 교회당은 무엇인가요?

정답 01 갑신정변 / 02 을미사변 / 03 을사조약 / 04 국채 보상 운동 / 05 안중근 / 06 정동 교회

일제 강점기

대한민국 임시 정부
시기 : 1919년~1945년
임시수도 : 중국 상하이, 항저우, 충칭 등
주요 지도자 : 이동녕, 이승만, 안창호, 김구 등
정부 형태 : 대통령중심제 → 의원내각제

한일병합 조약 이후부터 8·15 광복을 맞은 때까지의 주요 사건을 다뤘어요. 이 시기에는 일본에게 나라를 빼앗기고 우리말과 우리글까지 빼앗겼지만, 독립을 되찾기 위한 투쟁이 나라 안팎에서 끊이지 않았어요.

1910년
일본에게 나라를 빼앗김
일본이 병합 조약을 강제로 체결하여 대한 제국의 국권을 빼앗았어요.

한일병합 후 일본은 조선총독부를 설치하여 한국을 다스렸어요.

1912년
조선총독부, 토지 조사령 공포
조선총독부가 토지 조사령을 공포하고 토지 조사 사업을 시작했어요. 그 결과 조선총독부는 우리나라 논밭과 산림의 40%에 이르는 넓은 땅을 차지하게 되었어요.

1919년
3·1 운동 일어남

온 국민이 들고 일어나 대한 독립 만세를 외쳤어요.

1919년
대한민국 임시 정부 수립
이동녕, 이시영 등의 독립 운동가들이 중국 상하이에 대한민국 임시 정부를 세웠어요.

광복 운동을 이끈 대한민국 임시 정부
중국 상하이에 세워진 대한민국 임시 정부는 민주 공화국을 표방했어요. 그리고 광복을 위해 국내 연락망 건설, 독립군 양성, 독립신문 발간, 독립을 위한 외교 활동 등 다양한 활동을 벌였어요.

1920년
청산리 대첩, 봉오동 전투 승리

독립 운동 역사에 빛나는 청산리 대첩
1920년 10월 21일, 김좌진 장군이 이끄는 북로군정서 독립군이 청산리 백운평 골짜기에서 일본군을 크게 무찔렀어요. 이어 천수평, 어랑촌 등에서도 큰 전과를 올렸어요. 2,500명의 독립군이 5만 명의 일본군을 제압한 청산리 대첩은 우리나라 독립 운동 역사에서 가장 빛나는 전투예요.

1926년
6·10 만세 운동 일어남
순종 황제의 장례 일에 맞춰 전국적인 항일 만세 시위운동이 일어났어요.

1927년
신간회 결성

독립 운동가들이 항일 독립을 위해 이념을 떠나 함께 만든 단체예요.

1929년
광주 학생 항일 운동 일어남
전라도 광주의 학생들이 민족 차별과 식민지 교육에 반대하는 항일 시위를 벌였어요.

1940년
한국 광복군 결성

대한민국 임시 정부의 군대로, 사령관은 지청천 장군이었어요.

1945년
8·15 광복

일제의 민족 말살 정책
일본은 우리 민족의 혼을 빼앗기 위해 이름과 성을 일본식으로 바꾸게 하고 우리말도 사용하지 못하게 했어요. 또 남산을 비롯해 여러 곳에 신사를 세우고 한국인들에게 강제로 참배하게 했어요.

일제 강점기가 한눈에 쏙!

주요 사건

3·1 운동 일어남 1919년
1919년 3월 1일, '대한 독립 만세'를 외치는 함성이 탑골 공원을 뒤덮으면서 3·1 운동이 시작되었어요. 3·1 운동에는 전국적으로 202만 명이 넘는 사람들이 참여했어요.

8·15 광복 1945년
1945년 8월 15일, 일본이 연합군에게 무조건 항복하고 한반도에서 물러남으로써 우리나라는 광복을 맞이하게 되었어요. 오랫동안 빼앗겼던 주권을 되찾은 것이지요.

주요 인물

김구
항일 독립 운동가예요. 한인 애국단을 조직하여 이봉창, 윤봉길 의사의 의거를 지휘하였고, 대한민국 임시 정부 주석을 지냈어요. 해방 후 통일 국가 수립을 위해 애쓰다 반대파에게 암살당했어요.

이시영
항일 독립 운동가예요. 조선과 대한 제국에서 여러 관직을 맡았고, 한일병합으로 나라를 빼앗기자 전 재산을 팔아 자금을 마련한 후, 여섯 형제를 모두 이끌고 만주로 들어가 독립 운동에 헌신했어요.

한용운
항일 독립 운동가이자 승려 시인이에요. '님의 침묵'을 포함한 많은 시를 남겼고, 불교계를 대표하여 적극적으로 독립 운동에 참여했어요. 3·1 운동 당시에는 민족 대표 33인에 포함되었어요.

김좌진
항일 독립 운동가예요. 북로군정서 총사령관으로서 청산리 전투를 승리로 이끌었어요. 북만주의 독립군단을 정비하였고, 사관학교를 세워 독립군 간부 양성에도 노력했어요.

주요 문화재

덕수궁 석조전
덕수궁 안에 있는 3층 석조 건물이에요. 유럽의 신고전주의 궁전 양식을 본뜬 것이며 당시 건축된 서양식 건물 가운데 가장 규모가 커요.

탑골 공원
서울 최초의 근대식 공원이에요. 3·1 운동의 발상지이며 '파고다 공원'으로 불리다가 1992년에 '탑골 공원'이라는 이름으로 바뀌었어요.

서대문 형무소
서울시 서대문구에 남아 있는 일제 시대의 감옥이에요. 1908년에 문을 연 이래 많은 독립투사들을 가두고 고문과 사형을 행했어요.

똑똑해지는 한국사 퀴즈

01 한일병합 후 일본이 한국 통치를 위해 설치한 통치 기관은 무엇인가요?
02 1919년 3월 1일, 전국적으로 일어난 독립 운동을 무엇이라 하나요?
03 이동녕 등의 독립 운동가들이 대한민국 임시 정부를 처음 세운 곳은 어디인가요?
04 광주 학생들이 민족 차별, 식민지 교육 등에 반대해 일으킨 운동은 무엇인가요?
05 청산리 전투를 승리로 이끈 독립 운동가는 누구인가요?
06 서울 최초의 근대식 공원으로 3·1 운동의 발상지가 된 곳은 어디인가요?

정답 01 조선총독부 / 02 3·1 운동 / 03 중국 상하이 / 04 광주 학생 항일 운동 / 05 김좌진 / 06 탑골 공원

일제 강점기 25

대한민국

시기 : 1945년~현재
수도 : 서울
초대 대통령 : 이승만

8·15 광복 이후부터 지금까지의 주요 사건을 다뤘어요. 이 시기에는 남과 북에 각각 대한민국과 조선민주주의 인민 공화국이 들어서서 서로 대결했어요. 하지만 최근에는 통일의 기운이 점점 높아져 가고 있어요.

1945년
여운형 등, 조선 건국 준비 위원회 결성

1945년
미국과 소련, 한반도에 진주
미국과 소련이 북위 38도선을 경계로 각각 남쪽과 북쪽에 들어와 주둔했어요.

1945년
미국, 남한에서 군정 시작

1945년
한국에 대한 신탁통치안 가결
모스크바 3상 회의에서 미국, 영국, 중국, 소련이 한국을 5년간 신탁통치 하는 안이 결정되었어요.

1950년
한국 전쟁(6·25 전쟁) 시작됨

1960년
4·19 혁명
이승만 정권의 부정과 독재에 항거하여 4·19 혁명이 일어났어요.

1961년
5·16 군사 정변
박정희 소장을 중심으로 한 일부 군인들이 5·16 군사 정변을 일으켜 정권을 잡았어요.

1970년
경부 고속국도 개통

1972년
7·4 남북 공동 성명 발표
'자주, 평화, 민족적 대단결'을 원칙으로 한 조국 통일의 원칙이 발표되었어요.

1972년
10월 유신
박정희 대통령이 '10월 유신'을 선언하고 유신 헌법을 공포했어요.

독재를 뒷받침했던 유신 헌법
유신 헌법은 대통령을 통일 주체 국민회의라는 기관을 통해 간접적으로 선출하고, 대통령을 할 수 있는 횟수 제한을 없애 영구 집권이 가능하도록 했어요. 또 대통령에게 국회 의원 3분의 1을 추천할 수 있는 권한을 주어 국회도 장악할 수 있게 했지요.
특히 유신 헌법은 대통령에게 헌법이 정한 국민의 자유와 권리, 나아가 각종 법의 효력까지도 정지시킬 수 있는 권리(긴급조치권)를 부여했는데, 이것들은 모두 반대파를 탄압하고 독재 체제를 유지하는 수단으로 이용됐어요.

김구, 삼천만 동포에게 울면서 아뢰다

신탁통치안을 놓고 남과 북의 대립이 심해지자, UN은 남한만이라도 총선거를 통해 단독 정부를 수립하기로 결정했어요. 이에 김구는 '삼천만동포에게 울면서 아룀'이란 글에서, "나는 통일된 조국을 건설하려다가 38선을 베고 쓰러질지언정 일신의 구차한 안일을 위하여 단독 정부를 세우는 데는 협력하지 않겠다."라고 하며 남한만의 단독 정부 수립을 반대했어요.

대한민국의 수도 서울

서울은 한국인의 정치, 경제, 사회, 문화 등 모든 활동의 중심지가 되는 대한민국의 수도예요. 조선의 수도로서 500년을 이어왔고, 1948년에 대한민국 정부가 세워지면서 다시 수도로 결정되었어요. 1949년에 특별시가 되어 지금까지 내려오고 있답니다.

1945년
신탁통치 반대 운동 일어남

1948년
대한민국 정부 수립, 분단 시작
남쪽에 대한민국이 들어섰어요. 곧바로 북쪽에 조선민주주의 인민 공화국이 들어섬으로써 우리나라는 분단국가가 되었어요.

1948년
국회, 반민족 행위 처벌법(반민법) 의결

일제 강점기 때 친일 행위를 한 사람들을 처벌하기 위해 만든 법률이었어요.

친일파의 방해로 실패한 반민법
광복 후, 친일파를 처벌하는 일은 민족정기를 바로잡기 위해 꼭 필요한 일이었어요. 그러나 그것을 위해 만든 반민법은, 광복 후에도 여전히 세력을 떨치던 친일파들의 노골적인 방해로 제대로 시행되지 못했어요. 그래서 결국 친일파를 처벌할 수 있는 절호의 기회도 사라지고 말았지요.

1962년
경제 개발 5개년 계획 시작

경제 개발 5개년 계획
경제 개발 5개년 계획은 1962~1966년, 1967~1971년, 1972~1976년, 1977~1981년까지 4차에 걸쳐 진행되었어요.

1965년
일본과 국교 재개
한일 기본 조약(한일 협정)을 체결하여 일본과 국교를 다시 열었어요.

야당과 학생들의 격렬한 반대가 있었지요.

1970년
새마을 운동 시작

농촌의 분위기를 바꾼 새마을 운동
새마을 운동은 정부가 일정한 물자를 지원하면, 그 물자를 이용해 주민들 스스로가 마을에 꼭 필요한 일을 찾아 함께 해 나가는 운동이었어요. 이 운동은 마을 환경을 개선하고 소득도 높여 주었을 뿐 아니라 주민들에게 우리도 노력하면 잘살 수 있다는 희망을 갖게 했어요.

1977년
수출 목표 100억 달러 달성

수출 목표 100억 달러는 경제 개발 5개년 계획을 시작하면서 내놓은 구호예요.

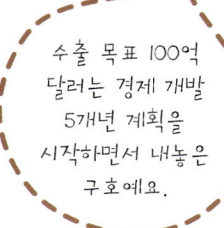

1979년
박정희 대통령 시해
박정희 대통령이 중앙정보부 부장이었던 김재규에게 시해되었어요.

1980년
5·18 광주 민주화 운동
전두환 장군을 중심으로 한 신군부가 계엄령을 확대하자, 광주에서 신군부 세력 퇴진과 계엄령 철폐를 요구하는 민주화 운동이 일어났어요.

1985년
남북 이산가족 고향 방문 실시

1987년
6월 민주 항쟁 일어남

대통령 직선제를 쟁취한 6월 민주 항쟁

6월 민주 항쟁에서 국민이 요구한 것은 '독재 타도'와 '대통령 직선제' 등이었어요. 20여 일 동안 500여만 명이 참가한 항쟁의 결과, 대통령 간접 선거제가 폐지되고 대통령을 직접 국민이 선출하게 되었어요.

1988년
서울 올림픽 대회 개최

서울에서 올림픽을 열어 우리나라의 눈부신 성장을 세계에 알렸어요.

1991년
남북한 동시 유엔 가입

1994년
북한, 김일성 주석 사망

1996년
경제 협력 개발 기구(OECD) 가입

1997년
외환 위기

기업들의 무분별한 투자와 금융기관의 방만한 경영 등으로 외환 위기가 닥쳤어요.

세계를 놀라게 한 금 모으기 운동

외환 위기가 닥치자 전국적인 금 모으기 운동이 일어났어요. 당시 웬만한 집에는 아기 돌잔치 때 선물 받은 금반지가 몇 개쯤 있었어요. 나라가 어려울 때 자신의 재산을 흔쾌히 내놓는 한국인의 애국심에 세계가 깜짝 놀랐어요.

1998년
금강산 관광 시작

소떼가 연 금강산 관광

1998년 6월, 정주영 현대그룹 명예회장이 소 500마리를 실은 트럭과 함께 판문점을 통해 북한을 방문했어요. 남북한 간의 민간 교류가 본격적으로 물꼬를 트는 순간이었지요. 이를 계기로 현대그룹은 북한과 계약을 맺고, 역사적인 금강산 관광 사업을 시작하게 돼요.

2000년
남북 정상 회담

김대중 대통령이 평양을 방문하여 북한의 김정일 국방위원장과 남북 정상 회담을 가졌어요.

노벨 평화상을 수상한 김대중

노벨 평화상은 세계 평화에 현저하게 기여한 사람에게 주어지는 상이에요. 우리나라에서는 김대중 대통령이 유일하게 그 상을 받았는데, 민주주의와 인권, 특히 북한과의 평화와 화해에 노력한 공을 인정받은 결과였어요.

2002년
한일 월드컵 공동 개최

2005년
아시아 태평양 경제 협력체 (APEC) 정상회의 개최

2005 아시아 태평양 경제 협력체 정상회의가 부산에서 열렸어요.

2006년
반기문, 유엔 사무총장에 취임

대한민국이 한눈에 쏙!

주요 사건

한국 전쟁 일어남 1950~1953년
1950년 6월 25일 새벽, 북한군이 38선을 넘어 침공함으로써 한국 전쟁이 시작되었어요. 3년간 계속된 이 전쟁에서 약 300만 명의 군인과 민간인이 죽거나 다쳤어요.

서울 올림픽 대회 개최 1988년
제24회 올림픽이 전 세계 160개국에서 1만 3,304명의 선수와 임원이 참가한 가운데 서울에서 열렸어요. 이 행사를 성공적으로 치른 이후 대한민국의 국제적 위상은 크게 높아졌어요.

주요 인물

박정희
대한민국 제5, 6, 7, 8대 대통령이에요. 5·16 군사 정변으로 정권을 장악했으며, 국가의 엄격한 통제 하에 경제 개발을 추진했어요.

전태일
재단사 출신의 노동 운동가예요. 노동청에 노동 조건 개선을 건의하였으나 응답이 없자 '근로기준법을 지키라!'고 외치며 스스로 목숨을 끊었어요.

양정모
국가대표 레슬링 선수예요. 1976년 제21회 몬트리올 올림픽 대회에서 우승을 차지, 해방 후 한국에 첫 올림픽 금메달을 안겨 주었어요.

김대중
대한민국 제15대 대통령이에요. 독재 정치 시대에 야당 지도자로서 민주화 운동을 이끌었고 대통령이 된 후에는 남북 화해를 실천했어요.

반기문
유엔 제8대 사무총장이에요. 직업 외교관으로서 오랫동안 한국의 외교통상 업무를 담당했고, 한국인 최초로 유엔 사무총장이 되었어요.

주요 성과

눈부신 경제 발전
1950년대만 해도 세계에서 가장 가난한 나라 중의 하나였던 우리나라가 2002년에는 세계 11위의 경제대국으로 성장했어요.

민주화의 성취
한국인은 건국 이후 한동안 군사 독재와 부정부패로 어려움을 당했지만 적극적인 민주화 운동을 통해 민주주의를 성취했어요.

남북한 교류의 확대
남북 정상 회담, 이산가족 찾기 운동, 경제 협력 등 통일을 위한 노력이 계속되면서 남북한 간의 교류가 크게 확대되었어요.

똑똑해지는 한국사 퀴즈

01 한국의 신탁통치안이 결정된 국제 회의는 무엇인가요?
02 지역 사회 개발을 위해 일어난 70년대 범국민적 운동은 무엇인가요?
03 신군부 퇴진, 계엄령 철폐 등을 요구하며 광주에서 일어난 운동은 무엇인가요?
04 우리나라에서 서울 올림픽이 열린 해는 언제인가요?
05 대한민국 제15대 대통령으로 노벨 평화상을 수상한 인물은 누구인가요?
06 한국인 최초로 유엔 사무총장이 된 인물은 누구인가요?

정답 01 모스크바 3국 외상 회의 / 02 새마을 운동 / 03 5·18 광주 민주화 운동 / 04 1988년 / 05 김대중 / 06 반기문

역대 왕조 계보도

고구려
기원전 37년 ~ 기원후 668년

- 1. 동명(성)왕 기원전 37~기원전 19 — 2. 유리왕 기원전 19~기원후 18
  - 3. 대무신왕 18~44
  - 4. 민중왕 44~48
  - 재사
    - 6. 태조왕 53~146
    - 7. 차대왕 146~165
    - 8. 신대왕 165~179
      - 9. 고국천왕 179~197
      - 10. 산상왕 197~227
  - 5. 모본왕 48~53

- 19. 광개토대왕 391~412 — 20. 장수왕 412~491 — 조다 — 21. 문자(명)왕 491~519
  - 22. 안장왕 519~531
  - 23. 안원왕 531~545

백제
기원전 18년 ~ 기원후 660년

- 1. 온조왕 기원전 18~기원후 28 — 2. 다루왕 28~77 — 3. 기루왕 77~128 — 4. 개루왕 128~166
  - 5. 초고왕 166~214
  - 8. 고이왕 234~286

- 19. 구이신왕 420~427 — 20. 비유왕 427~455 — 21. 개로왕 455~475 — 22. 문주왕 475~477 — 23. 삼근왕 477~479
  - 곤지 — 24. 동성왕 479~501

신라
기원전 57년 ~ 기원후 935년

박씨
- 1. 혁거세 기원전 57~기원후 4 — 2. 남해 4~24 — 3. 유리 24~57
  - 5. 파사 80~112
  - 7. 일성 134~154

석씨
- 4. 탈해 57~80 — 구추 — 9. 벌휴 184~196
  - 골정
  - 이매

김씨
- 알지 — 구도
  - 13. 미추 262~284
  - 말구 — 17. 내물 356~402
  - 대서지 — 18. 실성 402~417

- 30. 문무왕 661~681 — 31. 신문왕 681~692
  - 32. 효소왕 692~702
  - 33. 성덕왕 702~737
    - 34. 효성왕 737~742
    - 35. 경덕왕 742~765 — 36. 혜공왕 765~780

발해
698년 ~ 926년

- 1. 고왕 698~719 — 2. 무왕 719~737 — 3. 문왕 737~793
  - 굉림 — 6. 강왕 794~809
    - 7. 정왕 809~812
    - 8. 희왕 812~817
    - 9. 간왕 817~818
  - 4. 원의 793
  - 5. 성왕 793~794
- 야발 — 10. 선왕 818~830 — 신덕

고려
918년 ~ 1392년

- 1. 태조 918~943
  - 2. 혜종 943~945
  - 3. 정종 945~949
  - 4. 광종 949~975 — 5. 경종 975~981 — 7. 목종 997~1009
  - 욱 — 6. 성종 981~997
  - 욱 — 8. 현종 1009~1031
    - 9. 덕종 1031~1034
    - 10. 정종 1034~1046
    - 11. 문종 1046~1083
      - 12. 순종 1083
      - 13. 선종 1083~1094
      - 15. 숙종 1095~1105

- 26. 충선왕 1298, 1308~1313 — 27. 충숙왕 1313~1330, 1332~1339
  - 28. 충혜왕 1330~1332, 1339~1344
    - 29. 충목왕 1344~1348
    - 30. 충정왕 1348~1351
  - 31. 공민왕 1351~1374 — 32. 우왕 1374~1388 — 33. 창왕 1388~1389

조선
1392년 ~ 1910년

- 1. 태조 1392~1398
  - 2. 정종 1398~1400
  - 3. 태종 1400~1418 — 4. 세종 1418~1450
    - 5. 문종 1450~1452 — 6. 단종 1452~1455
    - 7. 세조 1455~1468 — 덕종
    - 8. 예종 1468~1469

- 18. 현종 1659~1674 — 19. 숙종 1674~1720
  - 20. 경종 1720~1724
  - 21. 영조 1724~1776 — 장조
    - 22. 정조 1776~1800
    - 은언군
    - 은신군

고구려

- 11. 동천왕 227~248
- 12. 중천왕 248~270
- 13. 서천왕 270~292
- 14. 봉상왕 292~300
- 돌고 — 15. 미천왕 300~331
- 16. 고국원왕 331~371
- 17. 소수림왕 371~384
- 18. 고국양왕 384~391
- 24. 양원왕 545~559
- 25. 평원왕 559~590
- 26. 영양왕 590~618
- 27. 영류왕 618~642
- 태양 — 28. 보장왕 642~668

백제

- 6. 구수왕 214~234
- 7. 사반왕 234
- 11. 비류왕 304~344
- 13. 근초고왕 346~375
- 14. 근구수왕 375~384
- 15. 침류왕 384~385
- 17. 아신왕 392~405
- 18. 전지왕 405~420
- 9. 책계왕 286~298
- 10. 분서왕 298~304
- 12. 계왕 344~346
- 16. 진사왕 385~392
- 25. 무령왕 501~523
- 26. 성왕 523~554
- 27. 위덕왕 554~598
- 28. 혜왕 598~599
- 29. 법왕 599~600
- 30. 무왕 600~641
- 31. 의자왕 641~660
- 융

신라

- 6. 지마 112~134
- 8. 아달라 154~184
- 53. 신덕왕 912~917
- 54. 경명왕 917~924
- 11. 조분 230~247
- 14. 유례 284~298
- 15. 기림 298~310
- 55. 경애왕 924~927
- 12. 첨해 247~261
- 걸숙
- 10. 내해 196~230
- 우로
- 16. 흘해 310~356
- 19. 눌지 417~458
- 20. 자비 458~479
- 21. 소지 479~500
- 26. 진평왕 579~632
- 27. 선덕여왕 632~647
- □ 습보
- 22. 지증왕 500~514
- 23. 법흥왕 514~540
- 입종 — 24. 진흥왕 540~576
- 동륜
- 국반 — 28. 진덕여왕 647~654
- 25. 진지왕 576~579
- 용춘(문흥왕) — 29. 무열왕 654~661
- 39. 소성왕 798~800
- 40. 애장왕 800~809
- 41. 헌덕왕 809~826
- 42. 흥덕왕 826~836
- 37. 선덕왕 780~785
- 38. 원성왕 785~798
- 인겸
- 충공 — 44. 민애왕 838~839
- 49. 헌강왕 875~886
- 52. 효공왕 897~912
- 예영
- 헌정
- 43. 희강왕 836~838
- 계명 — 48. 경문왕 861~875
- 50. 정강왕 886~887
- 균정
- 45. 신무왕 839
- 46. 문성왕 839~857
- 51. 진성여왕 887~897
- 47. 헌안왕 857~861
- 56. 경순왕 927~935

발해

- 11. 대이진 831~857
- 12. 대건황 857~871
- 13. 대현석 871~894
- 14. 대위해 894~906
- 15. 대인선 906~926

고려

- 14. 헌종 1094~1095
- 18. 의종 1146~1170
- 19. 명종 1170~1197
- 22. 강종 1211~1213
- 23. 고종 1213~1259
- 24. 원종 1259~1274
- 25. 충렬왕 1274~1308
- 16. 예종 1105~1122
- 17. 인종 1122~1146
- 20. 신종 1197~1204
- 21. 희종 1204~1211
- 34. 공양왕 1389~1392

조선

- 9. 성종 1469~1494
- 10. 연산군 1494~1506
- 12. 인종 1544~1545
- 11. 중종 1506~1544
- 13. 명종 1545~1567
- 15. 광해군 1608~1623
- 덕흥 대원군 — 14. 선조 1567~1608
- 원종 — 16. 인조 1623~1649
- 17. 효종 1649~1659
- 23. 순조 1800~1834
- 문조 — 24. 헌종 1834~1849
- 전계 대원군 — 25. 철종 1849~1863
- 남연군 — 흥선 대원군 — 26. 고종 1863~1907
- 27. 순종 1907~1910

찾아보기

ㄱ
간도 · 22
갑신정변 · 20
갑오개혁 · 21
강화 지석묘 · 5
강화도 조약 · 18, 19
개경 · 12
개항기 · 20
거란 · 12
건원중보 · 13
견훤 · 10
《경국대전》 · 17
경복궁 · 17
경제 개발 5개년 계획 · 27
경제 협력 개발 기구(OECD) · 28
계백 · 9
고국원왕 · 7
고려 시대 · 12
고조선 · 4
공민왕 · 14
과거제 · 13
광개토대왕 · 6, 9
광개토대왕릉비 · 9
광무 개혁 · 21
광주 학생 항일 운동 · 24
구석기 시대 · 4
국채 보상 운동 · 22
궁예 · 10
근초고왕 · 7, 9
금 모으기 운동 · 28
금강산 관광 · 28
김구 · 25, 27
김대중 · 28, 29
김수로 · 7
김옥균 · 23
김유신 · 9
김좌진 · 25

ㄴ
나성 · 12
남북 정상 회담 · 28
남북국 시대 · 10
노벨 평화상 · 28

ㄷ
단군 신화 · 4
단군왕검 · 5
대가야 · 8
대조영 · 10, 11
대한 제국 · 21, 23
대한매일신보 · 20
대한민국 임시 정부 · 24
덕수궁 석조전 · 25
덕천 승리산 동굴유적 · 5
독립 협회 · 21
독립문 · 23
《동의보감》 · 17
동양 척식 주식회사 · 22
동학 농민 운동 · 21

ㄹ
러시아 공사관 · 23
러일 전쟁 · 20

ㅁ
만민 공동회 · 21
만적 · 15
만적의 난 · 13
만파식적 · 10
모스크바 3상 회의 · 26
《목민심서》 · 18
몽골 · 13
묘청 · 12
무구정광대다라니경 · 11
무신의 난 · 12
무오사화 · 16
문익점 · 15
민족 말살 정책 · 24

ㅂ
박사 · 7
박정희 · 27, 29
박혁거세 · 6
반기문 · 28, 29
반민법 · 27
발해 석등 · 11
백두산정계비 · 18
백운동 서원 · 17
병인양요 · 18
병자호란 · 17
부여 · 4
《불씨잡변》 · 16
불교 · 7
불국사 · 11
붕당정치 · 17
빗살무늬토기 · 5

ㅅ
사다함 · 9
사비 · 7
살수대첩 · 8
삼국 시대 · 6
《삼국사기》 · 12, 15
《삼국유사》 · 14
삼국통일 · 8, 9
삼별초 · 14
상감청자 · 15
상경 용천부 · 10
새마을 운동 · 27
서대문 형무소 · 25
서산 마애 삼존 불상 · 9
서울 · 27
서울 올림픽 대회 · 28, 29
서희 · 12, 15
석굴암 · 11
선사·고조선 시대 · 4
성기 · 5
세종대왕 · 19
속장경 · 13
수원 화성 · 18, 19
신간회 · 24
신돌석 · 23
신미양요 · 18
신민회 · 22
신석기 시대 · 4
신채호 · 23
신탁통치 · 26

ㅇ
아시아 태평양 경제 협력체(APEC) · 28
안시성 전투 · 8
안용복 · 18
안중근 · 22, 23
양정모 · 29
여진 정벌 · 16
온조 · 6
왕건 · 10, 12, 15
외환 위기 · 28
요동 정벌 · 14
우거왕 · 5
우산국 · 7
운요호 사건 · 18
웅진 · 6
원종 · 14
원효 · 11
위례성 · 6
위만 · 4, 5
위화도 · 14
유신 헌법 · 26
윤관 · 13
을미사변 · 20
을사5적 · 21
을사조약 · 21, 23
의자왕 · 8
의천 · 13
이성계 · 14, 19
이시영 · 25
이자겸의 난 · 13
이차돈 · 7
이하응 · 19
이황 · 19
인조반정 · 17
일연 · 14
일제 강점기 · 24
임꺽정 · 17
임술 농민 봉기 · 18
임오군란 · 20
임진왜란 · 16, 19
임진왜란 3대 대첩 · 16

ㅈ
장문휴 · 11
장보고 · 11
장영실 · 17
전봉준 · 23
전태일 · 29
정도전 · 16, 19
정동 교회 · 23
정몽주 · 15
제1차 한일 협약 · 21
조선 시대 · 16
조선 건국 준비 위원회 · 26
조선왕조실록 · 19
주몽 · 6
주세붕 · 17
준왕 · 5
중종 반정 · 16
진대법 · 6

진흥왕 · 8
진흥왕 순수비 · 8
집현전 · 17

ㅊ
첨성대 · 9
청동기 시대 · 4
청산리 대첩 · 24
청일 전쟁 · 21
청해진 · 10
초조대장경 · 12
최우 · 13
최치원 · 11
측우기 · 17

ㅌ
탑골 공원 · 25
탕평책 · 18
토지 조사 사업 · 24
통감부 · 22

ㅍ
팔만대장경 · 14, 15

ㅎ
하멜 · 18
한강 · 8
한국 전쟁 · 26, 29
한글 · 19
한용운 · 25
한일 월드컵 · 28
헤이그 특사 · 22
호패법 · 16
홍건적 · 14
화랑도 · 8
황룡사 구층 목탑 · 8
황산벌 전투 · 8
훈민정음 · 17
훈요 10조 · 12

3·1 운동 · 24, 25
3포 왜란 · 16
4·19 혁명 · 26
5·16 군사 정변 · 26
5·18 광주 민주화 운동 · 27
6·10 만세 운동 · 24
6월 민주 항쟁 · 28
7·4 남북 공동 성명 · 26
8·15 광복 · 24, 25
9주 5소경 · 10
10월 유신 · 26
12목 · 13
13도 창의군 · 22

글 정연

서울대학교 동양사학과를 졸업하고 한국교원대학교에서 박사과정을 수료하였습니다.
서울 영락고등학교에서 한국사와 세계사를 가르쳤습니다.
지은 책으로 《중학교 역사》, 《고등학교 세계사》, 《만화 사마천 사기열전(서울대 선정 인문고전 50선 9)》,
《한 권으로 보는 그림 세계사 백과》, 《한눈에 펼쳐보는 세계사 연표 그림책》 등이 있습니다.

그림 이혁

어린이 친구들을 위한 재미있고 유익한 그림을 그리고 있습니다.
그린 책으로는 《한눈에 펼쳐보는 우리 명화 그림책》, 《한눈에 펼쳐보는 세시 풍속 그림책》, 《한눈에 펼쳐보는 24절기 그림책》,
《한눈에 펼쳐보는 문화유산 그림책》, 《한눈에 펼쳐보는 대동여지도》, 《한 권으로 보는 그림 한국사 백과》,
《오늘은, 별자리 여행》, 《아하! 그땐 이렇게 살았군요》, 《그림 성경 100대 인물》 등이 있습니다.

한눈에 펼쳐보는
한국사 연표 그림책

1쇄 • 2011년 5월 17일 14쇄 • 2025년 10월 1일 글•정연 그림•이혁 발행인•허진 발행처•진선출판사(주)
편집•김경미, 최윤선, 최지혜 디자인•고은정 총무 / 마케팅•유재수, 나미영, 허인화
주소•서울시 종로구 삼일대로 457 (경운동 88번지) 수운회관 15층 전화 (02)720-5990 팩스 (02)739-2129 홈페이지 www.jinsun.co.kr
등록•1975년 9월 3일 10-92 ※책값은 뒤표지에 있습니다. ISBN 978-89-7221-698-8 74000 ISBN 978-89-7221-634-6 (세트)
ⓒ 진선출판사(주), 2011

진선아이는 진선출판사의 어린이책 브랜드입니다.
마음과 생각을 키워 주는 책으로 어린이들의 건강한 성장을 돕겠습니다.